¡ESE ES EL TRABAJO PARA MÍ!

¡VOY A SER DOCTORA!

POR MICHOU FRANCO

Gareth Stevens PUBLISHING

Please visit our website, www.garethstevens.com. For a free color catalog of all our high-quality books, call toll free 1-800-542-2595 or fax 1-877-542-2596.

Cataloging-in-Publication Data

Names: Franco, Michou, author.
Title: ¡Voy a ser doctora! / Michou Franco.
Description: Buffalo, NY : Gareth Stevens Publishing, [2025] | Series: ¡Ese es el trabajo para mí! | Includes index.
Identifiers: LCCN 2023035534 (print) | LCCN 2023035535 (ebook) | ISBN 9781482467611 (library binding) | ISBN 9781482467604 (paperback) | ISBN 9781482467628 (ebook)
Subjects: LCSH: Physicians–Vocational guidance–Juvenile literature.
Classification: LCC R690 .F7137 2025 (print) | LCC R690 (ebook) | DDC 610.69/5–dc23/eng/20230824
LC record available at https://lccn.loc.gov/2023035534
LC ebook record available at https://lccn.loc.gov/2023035535

Published in 2025 by
Gareth Stevens Publishing
2544 Clinton Street
Buffalo, NY 14224

Translator: Esther Sarfatti
Designer: Claire Zimmermann
Editor: Therese Shea

Photo credits: Cover, pp. 1 Treerat Wongvorapat/Shutterstock.com; Series Art (background) Salmanalfa/Shutterstock.com; pp. 5, 19 fizkes/Shutterstock.com; p. 7 Inside Creative House/Shutterstock.com; p. 9 mrmohock/Shutterstock.com; p. 11 ESB Professional/Shutterstock.com; p. 13 antoniodiaz/Shutterstock.com; p. 15 CandyBox Images/Shutterstock.com; p. 17 I AM NIKOM/Shutterstock.com; p. 21 PIMNADA/Shutterstock.com.

Printed in the United States of America

CPSIA compliance information: Batch #CS25GS: For further information contact Gareth Stevens, New York, New York at 1-800-542-2595.

CONTENIDO

Las palabras en **negrita** aparecen en el glosario.

Hacerse médico

Me encanta cuidar a la gente. Me gusta hacer que se sientan mejor cuando están enfermos o heridos. Me interesa saber cómo funcionan los cuerpos humanos. También me gusta resolver misterios. Por eso, yo voy a ser doctora.

Lo primero es estudiar

Comenzaré por estudiar mucho en la escuela. Las clases de ciencias son muy importantes. Aprenderé cómo funcionan las diferentes partes del cuerpo. También aprenderé cómo funcionan los diferentes sistemas del cuerpo. El sistema respiratorio hace que el aire entre y salga de los **pulmones**. ¡Guau!

Después de terminar la escuela secundaria, iré a la universidad. Tomaré ciertas clases, como biología y química. La biología es el estudio de los seres vivos. La química es el estudio de la materia, sus **propiedades**, y cómo cambian. ¡Haré **experimentos** en un laboratorio!

Después iré a una escuela de **medicina**. Eso significa estudiar cuatro años más. Los dos primeros años tienen lugar en aulas y laboratorios. Los dos últimos son en **hospitales** y clínicas. Los estudiantes de medicina trabajan con pacientes. También aprenden a hacer algunos **procedimientos**.

Doctora en medicina

Después de la escuela de medicina, seré una doctora en medicina. Pero allí no terminan los estudios y el **aprendizaje**. Los médicos tienen un periodo de prácticas llamado residencia, que dura entre tres y siete años. En este tiempo **se centran** en alguno de los campos de la medicina.

Muchos tipos de médicos

¡Existen cientos de tipos de médicos! Los pediatras son médicos que se ocupan de los bebés y los niños. Los cardiólogos se ocupan de los corazones de la gente. Los cirujanos abren el cuerpo para arreglar sus partes. Hay médicos que se especializan, o se centran, en los ojos, la piel, los huesos y otras partes del cuerpo.

¿Dónde trabajaré?

Después de terminar mi residencia, tendré que decidir dónde quiero trabajar. ¿Trabajaré en un gran hospital? ¿Trabajaré en una clínica pequeña? Tal vez viaje a otros países para ayudar a la gente. ¡También puedo cambiar de trabajo!

Don de gentes

Un buen médico debe tener ciertas habilidades que no siempre se pueden aprender en un salón de clase. Para ser una buena doctora, debo saber escuchar a los pacientes para saber qué necesitan. También debo saber qué preguntas tengo que hacerles.

Los médicos deben saber **comunicarse** bien. Es importante que sus pacientes entiendan lo que dicen. Los médicos también trabajan con enfermeros y otra gente. Es necesario saber trabajar en equipo. ¡Yo voy a practicar estas habilidades ahora pensando en el futuro!

GLOSARIO

aprendizaje: la acción de aprender algo.

centrarse: dirigir la atención o el esfuerzo hacia algo.

comunicarse: compartir ideas y sentimientos a través de sonidos y gestos.

experimento: una prueba científica en la que se llevan a cabo una serie de acciones y se observan los resultados con el fin de descubrir algo.

hospital: un lugar donde las personas enfermas o heridas reciben cuidados y donde suelen nacer los bebés.

medicina: la ciencia que se aplica al tratamiento de las enfermedades.

procedimiento: una operación u otro tratamiento médico.

propiedad: una cualidad o característica especial de algo.

pulmón: la parte de una persona o animal que se llena de aire cuando respira.

PARA MÁS INFORMACIÓN

LIBROS

Bender, Douglas. *Doctor.* Nueva York, NY: Crabtree Publishing Company, 2022.

Herrick, Becky. *Meet a Doctor!* Nueva York, NY: Children's Press, 2021.

Waxman, Laura Hamilton. *Doctor Tools.* Minneapolis, MN: Lerner Publications, 2020.

SITIOS WEB

Información sobre escuelas de medicina para niños
kids.kiddle.co/Medical_school
¡Los médicos pasan muchos años estudiando! Lee acerca de estas escuelas especiales aquí.

Profesiones en ciencia, tecnología, ingeniería y matemáticas: médicos
blocksrock.com/news-and-learning/stem-career-inspiration-doctors
Lee más acerca de los diferentes tipos de médicos.

Nota de la editorial a los educadores y padres: Nuestros editores han revisado cuidadosamente estos sitios web para comprobar que son apropiados para los alumnos. No obstante, muchos sitios web cambian con frecuencia, por lo que no podemos garantizar que los contenidos futuros cumplan con nuestros criterios de alta calidad y valor educativo. Les recomendamos que supervisen cuidadosamente a los alumnos siempre que tengan acceso a internet.

ÍNDICE